L IEBLINGSBUCH
E RLEBNIS
S PANNEND
E RFINDEN
N EUES

Schreibe deinen Namen so,
dass die Buchstaben untereinander stehen.
Mit jedem Buchstaben beginnt ein neues Wort.

Gestalte ein Blatt und klebe es in den Rahmen.

U RLAUB   **P** UDDING
R EISEN   **E** RDBEEREN
S EGELN   **T** OMATEN
U MHERLAUFEN   **E** RDNÜSSE
L ANGEWEILE   **R** EIS
A NGELN

Wir wählen einen Klassensprecher

Die Kinder sprechen darüber, welche Aufgaben eine Klassensprecherin
oder ein Klassensprecher hat und wie sie oder er sein soll.

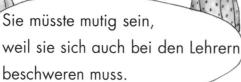

Er muss gut in der Schule sein.

Sie soll in der Pause aufpassen, dass die Kinder sich nicht streiten.

Sie müsste mutig sein, weil sie sich auch bei den Lehrern beschweren muss.

Stimmt nicht!

 1. Überlegt gemeinsam, welche Aufgaben eine Klassensprecherin
oder ein Klassensprecher hat und welche Eigenschaften er
oder sie haben soll.

 2. Schreibt in Stichpunkten auf einen Zettel,
was ihr dazu meint.

Aufgaben:

Eigenschaften:

3. Stellt eure Gruppenergebnisse vor und sprecht darüber.
Notiert die wichtigsten Aufgaben und Eigenschaften an der Tafel.

 4. *Eine Klassensprecherin / ein Klassensprecher hat folgende*
wichtige Aufgaben:

Eine Klassensprecherin / ein Klassensprecher sollte unbedingt
diese Eigenschaften haben:

5. Nun kann die Wahl stattfinden.

1. Vorschläge an der Tafel sammeln
2. Wahlzettel austeilen
3. Geheim wählen
4. Stimmen auszählen
5. Frage an das gewählte Kind, ob es die Wahl annimmt
6. Gratulation
7. Zweiter Wahldurchgang ...

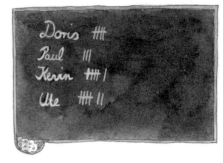

Schreibe auf, wie ihr die Wahl durchführen wollt.

Zuerst sammeln wir

Dann werden

Es wird

Kleine Abc-Rätsel

1. Suche zu diesen Adjektiven (Wiewörtern) das Gegenteil.
   Prüfe mit der Wörterliste oder dem Wörterbuch.

billig [   ]   falsch [   ]   dick [   ]

warm [   ]   fröhlich [   ]   leer [   ]

trocken [   ]   süß [   ]   dunkel [   ]

schnell [   ]   sauber [   ]

Erweitere die Gegensatzpaare durch passende Nomen (Namenwörter).
Schreibe sie in dein Heft: *billige Äpfel - teure Mangos, ...*

2. Suche zu diesen Adjektiven (Wiewörtern) das Nomen (Namenwort).
   Prüfe mit der Wörterliste oder dem Wörterbuch.

ängstlich [   ]   eckig [   ]   farbig [   ]

durstig [   ]   gefährlich [   ]   mutig [   ]

hungrig [   ]   freundlich [   ]

3. Ordne die Wörter nach dem Abc und trage sie ein.

trinken	Drachen	drinnen	
Trommel	dreißig	Trauben	
dröhnen	trennen		

Stuhl	Stein	Stute		streng	Stern	Stall
Start	Stich			Staub	Stier	Staus

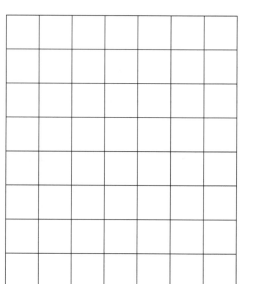

33 19

© 2005 Oldenbourg Schulbuchverlag, Leseschule 3 – Arbeitsheft

Aus zwei mach eins

Neue Berufe?

Einer, der Salz streut, ist ein *Salzstreuer.*

Einer, der nach dem Regen schaut, ist ein

Einer, der in die Ferne sieht, ist ein

Einer, der mit Taschen rechnet, ist ein

Einer, der mit Tinte füllt, ist ein

Einer, der Schnee schiebt, ist ein

Einer, der Wäsche trocknet, ist ein

Kleine Angeber?

Ich besitze
drei Schlösser.

Das ist doch gar nichts.
Mein Garten ist voller
Kronen.

Dafür leuchten meine
Birnen!

Und ich habe ein
Schwein,
das nicht stinkt!

 Geben die Kinder wirklich an? Mit zusammengesetzten Nomen (Namenwörtern) kannst du genau sagen, was gemeint ist.

23

So sind wir

Anne   Martin   Lena   Karin   Paul   Achim   Katrin   Onkel Dagobert

1. Die Kinder haben in der Schule über Eigenschaften gesprochen.
   Sven erzählt: *Achim ist vergesslich. Er ist ein vergessliches Kind.*

| Spaßvogel | Mädchen | Turnerin | Junge | Schüler |
| Schülerin | Schwimmerin | Kind | Ente | Freund |

geiz | traur | vergess | sport | fröh | fleiß | mut | ordent | lust | gelenk

2. Vergleicht eure Sätze.

31   9

Verben (Tunwörter) verändern ihre Form

Die Kinder _____ über ihre Brieffreunde. „Wie _____ dein

Brieffreund?", _____ Hajo. „Was _____ er?" „Er _____ Robin,

_____ Ponys, Ballett und Pink", _____ Alex ärgerlich. „Ich _____

ihm nicht." „Da _____ du bestimmt Ärger mit Frau Löscher!", _____

Hajo entsetzt. Die anderen Kinder aus der Klasse _____ schon an ihre neuen

Brieffreunde. Frau Löscher _____ zu Hajo und Alex und _____: „Warum

_____ ihr noch nicht? _____ ihr keine Lust?" „_____ ich einen

anderen bekommen?", _____ Alex. Als Frau Löscher die Stirn _____,

_____ er schnell: „Meiner _____ Ballett."

schreiben	fragen	heißen	sprechen	mögen
antworten	murmeln	schreiben	rufen	bekommen
kommen	haben	meinen	arbeiten	können
machen	runzeln	bitten	sagen	heißen

1. Welches Verb (Tunwort) passt in welche Lücke?
   Trage es in der passenden Personalform ein.
   Tipp: Streiche Wörter, die du verwendet hast, mit Bleistift durch.

2. Bilde zu folgenden Personalformen
   die Grundform und schreibe sie auf

wir hören zu   sie nimmt   du wächst

ihr könnt   du läufst   du isst

er fleht   sie weiß   ihr geht

Ich finde im Wörterbuch das Wort isst nicht.

Du musst erst die Grundform bilden: essen !

wir hören zu – zuhören,

Schreiben allein und mit anderen (1)

Elfchen (ein Gedicht aus elf Wörtern in fünf Zeilen)

Weiß	(ein Wort)	Blau
Die Schule	(zwei Wörter)	Der Himmel
Auf der Wiese	(drei Wörter)	Ohne eine Wolke
Kinder warten auf mich	(vier Wörter)	Die Sonne scheint hell
Freude	(ein Wort)	Mittag

Wortlawine

Sieben bis acht Kinder können mitmachen. Das erste Kind schreibt ein Wort, das zweite zwei Wörter, das dritte drei …

Freude	(ein Wort)
Unser Schulfest	(zwei Wörter)
Alle Kinder kommen	(drei Wörter)
Auch Eltern spielen mit	(vier Wörter)
Es macht allen viel Spaß	(fünf Wörter)
Wir lachen und essen und trinken	(sechs Wörter)
Am liebsten spielen wir Brennball und Fußball	(sieben Wörter)

Reimgedicht (allein oder zu mehreren)

Suche erst Reimwörter und erfinde dann Sätze dazu.

Es gibt keine, die ich so gerne   mag

Auf die ich warte jeden   Tag

Sie kommt ins Zimmer immer   leise

Sie singt und geht auf ihre   Weise

Textwerkstatt (1)

Hier kannst du dichten.

Schreiben allein und mit anderen (2)

Wende-Gedicht

In vier Zeilen werden eine Person,
ein Tier oder eine Sache beschrieben.
Am Ende gibt es eine Überraschung:
Etwas ganz Wichtiges fehlt und steht
auf der anderen Seite des Blatts.

Lehrerin

Hefte nachgesehen
Viele Notizen gemacht
Pünktlich in der Schule
Große Tasche mitgebracht
Feiertag!

Drachengedicht

Zuerst nimmt jede Zeile um eine Silbe zu,
dann um eine Silbe ab.
Das Gedicht erhält die Form eines
Drachens.

Ein	(eine Silbe)
Wagen	(zwei Silben)
Beladen	(drei Silben)
In der Straße	(vier Silben)
Versperrt die Wege	(fünf Silben)
Keiner kann weg	(vier Silben)
Ärgerlich	(drei Silben)
Hupen	(zwei Silben)
Los!	(eine Silbe)

Um ein Wort herum schreiben (allein oder zu mehreren)

Suche ein Wort aus und schreibe es siebenmal untereinander.
Dann füge links und rechts noch Wörter hinzu, sodass in jeder Reihe
ein ganzer Satz steht.

Es ist ein spannendes   *Spiel*   zwischen zwei Mannschaften.

Dass dieses   *Spiel*   stattfindet, hat kaum jemand geglaubt.

Wir haben uns gut auf das   *Spiel*   vorbereitet.

Am Ende muss jedes   *Spiel*   noch einmal besprochen werden.

Es wird nicht das letzte   *Spiel*   sein, das wir spielen.

Gut, dass das   *Spiel*   vorbei ist.

So ein   *Spiel*   ist ganz schön anstrengend.

10

© 2005 Oldenbourg Schulbuchverlag, Leseschule 3 – Arbeitsheft

Textwerkstatt (2)

Hier kannst du dichten.

Nachschlagen

1. Schlage im Wörterbuch verwandte Wörter nach.
   Schreibe sie auf.

_____   _____

_____ ⟩‹ fahren ›— _____

_____   _____

2. Suche Nomen (Namenwörter) für Gefühle unter dem Buchstaben A.

   [   ]

   Suche Nomen (Namenwörter) für Lebensmittel unter dem Buchstaben S.

   [   ]

   [   ]

   [   ]

   Denke dir weitere Suchaufträge aus.

3. Schlage die Vergangenheitsform dieser Verben (Tunwörter) nach:

   kommen   er [   ]   denken   [   ]

   schließen   [   ]   graben   [   ]

   essen   [   ]   schlafen [   ]

   schneiden   [   ]   stehlen   [   ]

   rufen   [   ]   gehen   [   ]

   laufen   [   ]   schreien [   ]

   bitten   [   ]   fallen   [   ]

   schreiben   [   ]   singen   [   ]

33

Flohmarkt

Silvia muss alles vergleichen. Dazu benutzt sie Adjektive (Wiewörter).

Auch diese Kinder preisen auf dem Flohmarkt ihre Waren mit Vergleichen an.

Diese Spiele können Sie nicht billiger bekommen!

Mit diesen Büchern werden Sie am klügsten!

1. Ergänze in der Tabelle die fehlenden Wörter.

viel	mehr	am meisten
toll		
	billiger	
		am wenigsten
		am reichsten
schön		
	teurer	
arm		
	schneller	
		am größten
	höher	

2. Spielt Flohmarkt. Wer verkauft die ausgefallensten Dinge?

3. Mit Vergleichen kannst du anderen auch Freude machen.

Karim kann am spannendsten erzählen.

Timo ist geduldiger als ich.

 39

Clemens

Clemens frühstückt seine mutter

schmiert ihm ein honigbrot mit seiner bunten hose

fällt Clemens bestimmt auf das radio

meldet regenschauer mit honig

verschmiert er sich die hände im mantel

steckt der schal für den abschiedskuss

bleibt keine zeit in der schultasche

steckt das gespensterbuch mit sauberen ohren

hört er seine mutter gut bis zur schule

ist Clemens mit seinen gedanken für sich

1. Setze die fehlenden Punkte.

2. Kennzeichne alle Wörter, die du großschreiben musst.

3. Schreibe den Text richtig ab.

47

© 2005 Oldenbourg Schulbuchverlag, Leseschule 3 – Arbeitsheft

Meine x-mal geplatzte Haut

1. Wenn du Wörter gesammelt hast, die zu Wut und Ärger oder zu Freude und Lust passen, kannst du viele Gedichte schreiben.

Ich könnte platzen.

Aus allen Nähten könnte ich platzen vor | Lust | Ärger | Wut | [   ]

Meine Hände | winken | rudern | glühen | [   ] .

Meine Stimme | lacht | zittert | singt | [   ] .

Mein | Herz schlägt | Kopf brummt | [   ]

von so viel | Lust | Ärger | Wut | [   ] .

Ich fühle mich | wohl | glücklich | krank | [   ] in meiner Haut,

weil | ich Geburtstag habe | ich eine Arbeit schreibe | [   ]

2. Lest eure Gedichte vor und vergleicht sie. Ihr könnt sie auch spielen.

Platzen und springen

Ich könnte platzen.
Ich könnte platzen vor Freude.
Ich könnte platzen vor Freude auf die Ferien.
Ich könnte platzen vor Freude auf die Ferien am Meer.

1. Du kannst auch ein Gedicht schreiben, in dem die Sätze immer länger werden.

Ich könnte springen.

Ich könnte springen vor

Ich könnte springen vor

Ich könnte springen vor

2. Diese Sätze wachsen in beide Richtungen:

Ich könnte platzen.
Jetzt könnte ich platzen.
Jetzt könnte ich platzen und schreien.
Jetzt könnte ich platzen und schreien vor Freude.

Ich könnte

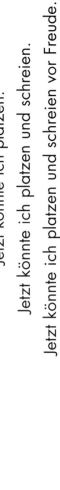

tanzen

heulen

weinen

toben

schreiben

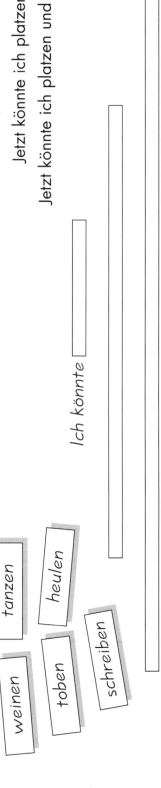

16 49

Wörter für sprechen

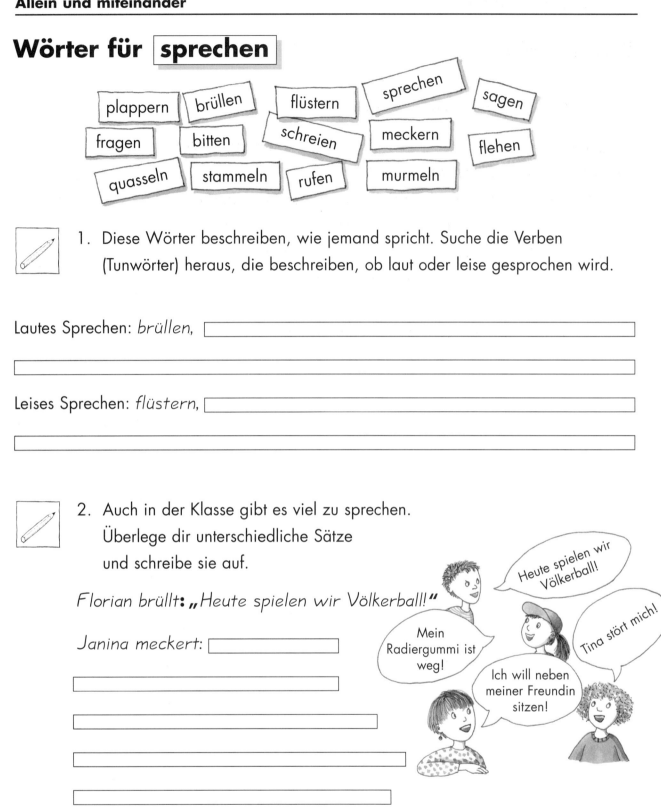

plappern brüllen flüstern sprechen sagen
fragen bitten schreien meckern flehen
quasseln stammeln rufen murmeln

1. Diese Wörter beschreiben, wie jemand spricht. Suche die Verben
   (Tunwörter) heraus, die beschreiben, ob laut oder leise gesprochen wird.

Lautes Sprechen: *brüllen,*

Leises Sprechen: *flüstern,*

2. Auch in der Klasse gibt es viel zu sprechen.
   Überlege dir unterschiedliche Sätze
   und schreibe sie auf.

   Florian brüllt: „Heute spielen wir Völkerball!"

   Janina meckert:

   Heute spielen wir Völkerball!

   Mein Radiergummi ist weg!

   Tina stört mich!

   Ich will neben meiner Freundin sitzen!

 3. Überlegt euch Anweisungen für kleine Spielszenen und spielt sie.

   Du flüsterst ein Geheimnis.   *Du ... einen Zauberspruch.*

Tschüs, Bär

Das erlebt Miriam am letzten Tag vor ihrer Abreise.

Ich **gehe** zum letzten Mal in meine Klasse. Alle **verabschieden** sich von mir.
Sie **schreiben** mir etwas ins Poesiealbum …
Laura **besucht** mich noch einmal. Wir **gehen** in mein Zimmer.
Traurig **sitzen** wir auf dem Sofa. Wir **sprechen** über unsere
gemeinsamen Erlebnisse. Laura **hilft** mir beim Packen …
Zum Abschied **schenke** ich Laura einen Bären …

 Abends schreibt Miriam in ihr Tagebuch:

Ich ging zum letzten Mal

 Du kannst dir auch ausdenken, was Miriam sonst noch erlebt hat.
Schreibe es auf.

(besuchte, ging, sprachen, half, schrieben, saßen, verabschiedeten, schenkte, gingen)

Domino

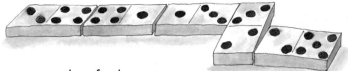

1. Finde heraus, wie das Dominospiel aufgebaut ist.

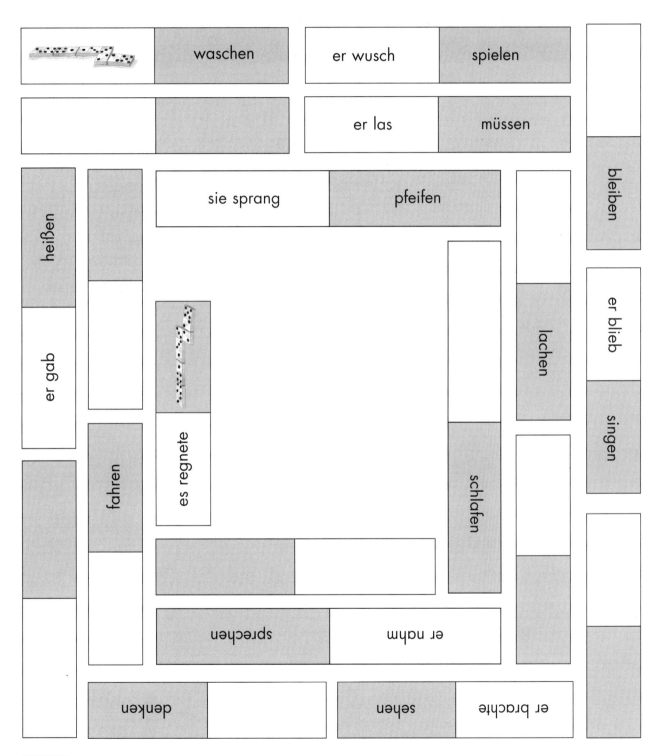

	waschen	er wusch	spielen
		er las	müssen

sie sprang | pfeifen

heißen · er gab · fahren · es regnete

bleiben · er blieb · singen

lachen · schlafen

sprechen · er nahm

denken · sehen · er brachte

2. Schreibe die fehlenden Verben (Tunwörter) in die freien Felder.

3. Du kannst auch ein Domino mit eigenen Verben (Tunwörtern) herstellen und es mit einem anderen Kind spielen.

Noch mehr Vergleiche

Blauwale	laufen	fast	so	lang	wie	ein Blatt Papier
Geparde	sind	beinahe		viel		130 Autos
Giraffen	wiegen	ungefähr		schwer		zwei Stockwerke im Haus
Kolibris	werden			schnell		Autos auf Landstraßen fahren
Nilkrokodile				hoch		sechs Schultische

1. Bilde sinnvolle Vergleiche und schreibe zu jedem Tier mindestens einen Satz.

2. Überlegt euch weitere Vergleiche.

© 2005 Oldenbourg Schulbuchverlag, Leseschule 3 – Arbeitsheft

Wasser ist ein Verwandlungskünstler

Wasser, das am Himmel schwebt

Wasser, das morgens auf Blättern liegt

Wasser, das brechen kann

Wasser, das flockig ist

Wasser, das den Himmel bunt färbt

Wasser, das gefroren glitzert

Wasser, das Deckel klappern lässt

Wasser, das ein Korn ist

Wasser, das unsichtbar macht

Wasser, das Schiffe kentern lässt

Schnee, Hagel, Welle, Wolke, Nebel, Raureif, Eis, Dampf, Regenbogen, Tau

Floßfahrt

○ Doch plötzlich wurde der Bach eng.

○ Das Wasser stieg und floss immer schneller.

① Gleich nach dem Frühstück brachen wir zum Bach auf, an dem unser Floß lag.

○ Wir fuhren los und das Wasser plätscherte ruhig dahin.

○ Unser Floß schoss zwischen zwei Felsen hindurch und wir waren gerettet.

○ Mein Herz schlug wild vor Aufregung.

○ Wellen stiegen vor uns auf und trugen uns in rasender Fahrt über die Steine.

○ Wasser prasselte auf uns herab und überschwemmte das Floß.

○ Schon trieben wir auf einen Felsen zu.

○ Wasser spritzte hoch, strömte an uns vorbei und trieb uns vom Felsen weg.

1. Ordne die Sätze zu einer Geschichte.
2. Markiere alle Verben (Tunwörter) im Text.
3. Lies die Geschichte in der Gegenwart vor.
4. Schreibe die Geschichte auf. Entscheide, ob du sie in der Gegenwart oder in der Vergangenheit schreibst.
5. Vergleicht eure Geschichten.

Wasser-Rätsel

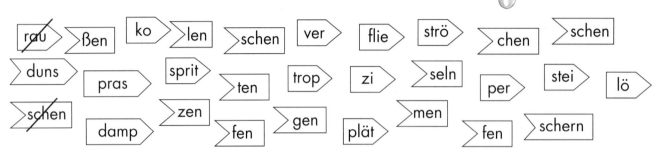

  1. Das Wasser kann viel.

   Mit diesem Silbenrätsel kannst du es herausfinden.

rau > ßen   ko > len   > schen   ver >   flie >   strö >   > chen   > schen

> duns   pras >   sprit >   > ten   trop >   zi >   > seln   per >   stei >   lö >

> schen   damp >   > zen   > fen   > gen   plät >   > men   > fen   > schern

rauschen, _____

_____

_____

_____

  2. Mit diesen Wörtern kannst du selbst ein Silbenrätsel herstellen.

säubern	gefrieren	tauen	zerstören
gluckern	versickern	fallen	
sinken	glitzern		rinnen

3. Tausche mit einem anderen Kind das Heft.

   Decke den Wörterkasten ab und löse.

Wasserspielzeug basteln

Material: mehrere Stöcke, kleine Säge, Schnur, Pappe, Schere

Stöcke sammeln

Stöcke auf gleiche Länge zurechtsägen

Stöcke mit Schnur zusammenbinden

Mast für Segel befestigen

Segel auf dünne Pappe malen

Segel ausschneiden und am Mast befestigen

| zuerst | anschließend | dann | jetzt | nun | zum Schluss |

1. Schreibe die Bastelanleitung für das Floß auf.

Zuerst

2. Wenn du das Floß selbst gebaut hast, überlege, ob du die Bastelanleitung noch verbessern kannst. Gibt es Tipps und Hilfen?

Wasserbilder

 1. Gestalte ein Wasserbild
so wie Henri Matisse.

Ein Wasserbild kannst du allein,
mit einem anderen Kind oder in der Gruppe gestalten.

Material: ein großer Bogen Tapete/Packpapier,
fünf Bogen hellblaues Papier,
fünf Bogen dunkelblaues Papier,
mehrere Bogen weißes Papier,
eine Schere und Papierkleber

die hell- und dunkelblauen Bogen abwechselnd
auf den großen Bogen Papier kleben

aus weißem Papier mit der Schere
Formen (Wassertiere, Pflanzen, Fantasiefiguren)
ausschneiden (Nicht vorzeichnen!)

die ausgeschnittenen Formen auf
dem blauen Hintergrund verteilen
und aufkleben

 2. Schreibe vorher genau auf, wie das Bild angefertigt werden muss.

Zuerst

Der Regenwurm

Regenwürmer fressen Blätter, Pflanzenreste und auch Fleisch.

Sie graben Gänge in die Erde und kommen erst bei Nacht heraus.

Dann ziehen sie Blätter ins Erdreich, fressen sie und wandeln sie in neue Erde um.

Pro Tag frisst ein Regenwurm so viel, wie er selbst wiegt.

Der Körper des Regenwurms ist aus lauter Ringen zusammengesetzt.

Seine Haut ist mit glitschigem Schleim überzogen.

Er hat an seinem runden Ende einen Mund und an seinem spitzen Ende

einen Schwanz.

Regenwürmer haben gleichzeitig zwei Geschlechter.

Sie sind Männchen und Weibchen, haben Samen und Eier.

Unter ihrem Bauch sind Borsten, mit denen sie sich unter der Erde festhalten.

Regenwürmer kriechen vorwärts und rückwärts und atmen durch ihre Haut.

Sie haben keine Augen und können trotzdem Hell und Dunkel unterscheiden.

Regenwürmer werden von Kröten, Maulwürfen, Igeln, Vögeln und Mäusen gefressen.

 1. Unterstreiche:

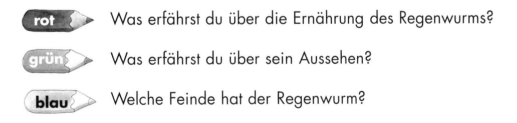

rot   Was erfährst du über die Ernährung des Regenwurms?

grün   Was erfährst du über sein Aussehen?

blau   Welche Feinde hat der Regenwurm?

2. Versuche mit all diesen Informationen deinen Mitschülerinnen und

Mitschülern einen kleinen Vortrag über den Regenwurm zu halten.

Lege dir einen Merkzettel mit Stichpunkten an.

Ideen für dein Baumbuch

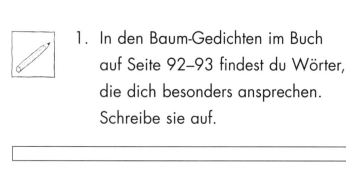 1. In den Baum-Gedichten im Buch
auf Seite 92–93 findest du Wörter,
die dich besonders ansprechen.
Schreibe sie auf.

| |
| |

| |
| |

| |
| |

| |
| |

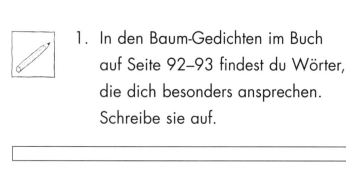 2. Für dein Baumbuch kannst du auch eigene Gedichte schreiben.

Schreibe ein Baum-Elfchen (ein Gedicht aus elf Wörtern in fünf Zeilen).
Die Seite 8 im Arbeitsheft hilft dir dabei.

Verwende die gesammelten Wörter und ergänze eigene Wörter.

| |
| |

| |
| |

| |
| |

| |
| |

| |
| |

Bäume aus Bindfäden

Material: dicker Bindfaden aus Naturfaser, farbiger Karton, Klebstoff

Tipp: Du kannst die Fäden aufdrehen und zurechtzupfen.

© 2005 Oldenbourg Schulbuchverlag, Leseschule 3 – Arbeitsheft

3. Josef Guggenmos hat ein bekanntes Baum-Haiku geschrieben.
   Ein Haiku ist ein Gedicht aus siebzehn Silben in drei Zeilen.

Bruder Ahorn

Ich lege mein Ohr   (fünf Silben)

an den Ahorn, fast hör ich   (sieben Silben)

es schlagen, sein Herz.   (fünf Silben)

Du kannst auch ein Baum-Haiku schreiben.

4. Bilde Riesenbaumwörter.

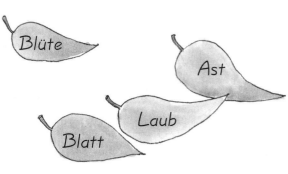

Baum   Baum

Kastanienbaum   Baumstamm

Esskastanienbaum   Baumstammrinde

Spritztechnik

Material: alte Zahnbürste, Sieb, Wasserfarbe, Papier, Unterlage,
          Blätter in verschiedenen Formen

Blatt auf das Papier legen,
Zahnbürste mit Wasserfarbe einfärben,
Sieb über das Blatt halten und
mit der Zahnbürste darüberstreichen

© 2005 Oldenbourg Schulbuchverlag, Leseschule 3 – Arbeitsheft

Rettet den Baum

1. Dieser Text soll als Zeitungsmeldung erscheinen.
   Wie würdest du ihn kürzen?
   Streiche Wörter, die du weglassen möchtest, mit Bleistift durch.

Über 300 lebhafte und interessierte Schülerinnen und Schüler der Wiesengrundschule versammelten sich gestern unter den prächtigen und sehr alten Kastanienbäumen vor ihrer Schule.

Mit diesem ungewöhnlichen Unterricht im Freien wollten sie gegen die schrecklichen Pläne protestieren, dass ihre heiß geliebten Kastanienbäume für überflüssige Parkplätze brutal gefällt werden.

Alle Kinder hatten mit viel Fleiß und Mühe Vorträge und Plakate zum wichtigen Thema Bäume und Umweltschutz vorbereitet.

Die Kastanienbäume sind wichtig für gute Luft und zum Basteln im Herbst.

Unterschriften von netten und hilfsbereiten Menschen zur Rettung der Bäume wurden gesammelt.

Die Kinder erklärten den Zeitungsreportern, dass diese Unterschriften mit einem freundlichen Brief an das Umweltamt der Stadt geschickt werden sollen.

Nun hoffen alle Kinder der Schule, dass sie mit dieser tollen Aktion die Bäume vor ihrer Schule retten können.

2. Wie bist du vorgegangen? Schreibe auf.

3. Vergleicht eure Texte.

4. Schreibe deinen Text ins Heft ab.

93

Wortfamilie backen

Viele Wörter gehören zur Wortfamilie backen .

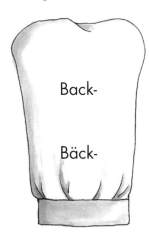

Back-

Bäck-

-er
-erei
-waren
-stube
-pinsel
-blech
-schüssel
-rezept
-papier
-buch

Ge-
Zwie-
Salzge-

auf-
über-
an-

-back
-bäck

-back-   -en

1. Setze die Wörter zusammen und schreibe sie auf.
   Kennzeichne die verwandten Wortstämme der Wortfamilie.

   der Bäcker, _____

   _____

   _____

   _____

   _____

   _____

2. Bilde Bandwurmsätze, in denen möglichst viele „Backwörter" vorkommen.
   Wie viele stehen in deinem längsten Satz?

   _____

   _____

   _____

   _____

   _____

Brot backen

Kinder haben sich informiert, wie früher Brot gebacken wurde.

Jetzt wollen sie selbst Brot backen.

Sie suchen einfache Rezepte und überlegen einen Arbeitsplan.

Wichtige Punkte haben sie in (Stichworten) aufgeschrieben.

  Einige Punkte sind für den Arbeitsplan überflüssig.
Streiche sie durch. Ordne die übrigen (Stichworte)
mit Nummern und schreibe einen Arbeitsplan.

Zutaten und Geräte besorgen

sich auf ein Brotrezept einigen

zuerst
dann
jetzt
am Vortag
am Morgen

Wasser, Hefe (Sauerteig) und Gewürze zum Mehl geben

Teig kräftig durchkneten

Teig gehen lassen

Weizenmehl ist hell

viele Brotsorten

Teig nochmals gehen lassen

Brot ist ein wichtiges Nahrungsmittel

Brote formen

anschließend
nach ... Minuten
endlich
zum Schluss

Fladenbrot kommt aus der Türkei

frisches Brot riecht lecker

Brote in den Ofen schieben

Brot gab es schon vor 6000 Jahren

alte Backöfen in der Türkei

Brot aus dem Ofen holen

viele Menschen ohne Brot

Backofen vorheizen

 95

Ein Gespräch in der Bäckerei

Sven und Julia gehen
für das Schulfrühstück
einkaufen.

Schreibe das Gespräch auf.

(1) Sven fragt: *„Welche Körnerbrötchen*

(1) Die Verkäuferin antwortet:

(2) Julia möchte wissen:

(2) Die Verkäuferin berät die Kinder:

(3) Die Kinder bestellen:

(3) Die Verkäuferin sagt:

(4) Sven und Julia bitten:

Der Hundertfarbenvogel

Ein mächtiger König hörte von einem seltenen Vogel.
Er wurde Hundertfarbenvogel genannt, weil seine Federn in allen Farben
leuchteten. Diesen Vogel wollte der König unbedingt besitzen.

1. Wie geht es weiter? Klebe hier den Zettel mit deiner eigenen Geschichte fest.

→ Denk dir aus, was der König
   macht, um den Vogel
   zu bekommen.

 Belohnung

 Söhne/Töchter

Trick

Falle

 Musik

→ Überlege, wo der Vogel
   gefunden wird und wie es
   gelingt, ihn zu fangen.

Nach langer Zeit kehrten die Fänger mit dem Vogel in das Schloss zurück.
Der König sperrte ihn sofort in einen Käfig und betrachtete ihn voll Stolz.
Aber schon nach wenigen Tagen begann der Vogel sich zu verändern.

2. Wie geht es weiter? Klebe hier den Zettel mit deiner eigenen Geschichte fest.

→ Beschreibe, wie der Vogel
   sich verändert.

Farbe

Krankheit

Freiheit

Ratgeber

Drohung

 → Schreibe auf, was der König
   mit dem Vogel macht.

Geschichten vom Zauberwald

In der Geschichte „Im Zauberwald" musst du viele Prüfungen bestehen.

1. Welche Prüfungen kannst du dir vorstellen?
   Schreibe deine Ideen in die Kästchen oder male.

2. Tauscht eure Ideen aus.

3. Suche dir eine Prüfung aus. Schreibe deine Geschichte.

ein gefährliches Tier streicheln

© 2005 Oldenbourg Schulbuchverlag, Leseschule 3 – Arbeitsheft

4. Die Zauberfeder hilft dir, wenn es gefährlich wird.
    Überlege, wie sie das macht. Sie kann ...

5. Schreibe auf, wie dir die Zauberfeder bei deiner Prüfung hilft.

... unsichtbar
   machen ...

... verwandeln in ...

Löffelpuppen basteln

Ihr könnt das Theaterstück von Prinzessin Leonore
auch als Puppenspiel aufführen.
Einige Kinder haben Puppen aus Kochlöffeln gebastelt.

 1. Überlege dir, was du dafür besorgen musst.
Wenn du die Silben zusammensetzt, weißt du, was du benötigst.
Die erste Silbe im Wort ist immer grau markiert.

KOCH	STOFF	WOL	SER	TE	NA
STOFF	LÖF	LE	WAS	SCHE	PIER
DEL	KLEB	DEN	RES	FEL	PA
WAT	FA	TE	RE	FAR	BEN
SAND	KNÖP	FE	PAP	GLAS	PE

Ich brauche: Kochlöffel, _____

_____

_____

 2. Schreibe eine Bastelanleitung für die Löffelpuppen auf.
Diese Satzanfänge und Verben (Tunwörter) helfen dir:

zuerst	zum Schluss
schließlich	danach
nun	zuletzt
später	anschließend
inzwischen	währenddessen
zunächst	am Anfang
dann	zu Beginn
jetzt	mittlerweile
darauf	anfangs

umranden   trocknen
malen   schneiden   beginnen
ausschneiden   kleben   füllen
vorzeichnen   anstreichen   basteln
umwickeln   nähen   anziehen
binden   stellen   verzieren
messen

© 2005 Oldenbourg Schulbuchverlag, Leseschule 3 – Arbeitsheft

Theateraufführung

Die Kinder bereiten eine Theateraufführung vor.
Sie haben die Aufgaben dafür aufgeteilt
und einen Plan geschrieben.

 Schreibe den Plan so auf,
dass jeder seine Aufgabe schnell findet.
Markiere dazu im Arbeitsplan das Satzglied,
das am Anfang stehen muss.

> *Die Bühne bauen Abdel, Rosalba und Dennis auf.*
> *Beim Schminken hilft Samiras Mutter in der großen Pause.*
> *Die Stühle stellen alle Kinder gemeinsam auf.*
> *Die Musikinstrumente holen Jens und Daniel aus dem Musikraum.*
> *Die Einladungen an die Partnerklasse schreibt Kevin.*
> *Den Raum schmücken Sarah und Dilay einen Tag vorher.*
> *Für die Beleuchtung sorgt Herr Renner.*
> *Die Begrüßung der Gäste übernimmt Ilana.*
> *Das Schlusslied singen alle Kinder vor der Bühne.*
> *Zum Schluss räumt die ganze Klasse den Raum auf.*

Abdel, Rosalba und Dennis bauen die Bühne auf.

Prinzessin Leonore wünscht sich einen Mond

Prinzessin Leonore

der Leibarzt

die Prinzessin

der Narr   der König

der Goldschmied

plötzlich

eines Tages

den Mond

eine gute Idee

an ihr Bett

in der Nacht

eine große Zahl
weiser Männer

einen Mond
aus Gold

erkrankte   kam   wollte   hatte   formte   fragte

1. Baue Sätze. Verwende dazu die Satzglieder.
   In einem Königreich lebte eine kleine Prinzessin.

2. Verändere deine Sätze, indem du Satzglieder umstellst.
   Eine kleine Prinzessin lebte in einem Königreich.

Im Land der Dämmerung

Aufgepasst!
Doppeltes mm!

Deshalb wird
das ä kurz
gesprochen.

Göran liegt im Bett. Er kann nicht gehen.

Immer wenn es dämmrig wird, klopft ein Mann an sein Fenster.

Göran muss das Fenster nicht öffnen, denn es ist Herr Lilienstängel:

Er kommt aus dem Land der Dämmerung direkt in Görans Zimmer.

Er geht mit Göran auf die Reise in das unbekannte Land.

Heute fliegen sie zum Wetterhahn, doch sie treffen ihn nicht an.

Er flattert gerade in der Stadt umher.

Schließlich kehren sie zurück und Göran fällt durch das Fenster wieder ins Bett.

1. Kennzeichne in den Wörtern die doppelten Mitlaute.

2. Schreibe die Wörter mit doppeltem Mitlaut heraus
   und ergänze Wörter aus der Wortfamilie.

3. Sprich dir die Wörter noch einmal vor.
   Kennzeichne bei jedem Wort mit doppeltem Mitlaut
   den kurzen Selbstlaut davor mit einem Punkt.

Das sechsbeinige Wunder

Viele Leute sprechen Franziska an, als sie
mit ihrer riesigen Ameise durch die Stadt geht.

Der Hausmeister	erkundigt sich	Ich möchte einen Bericht für die Tageszeitung schreiben.
	bietet an	
Eine Nachbarin	schlägt vor	Macht die Ameise viel Dreck?
	teilt mit	
Ein Reporter	sagt	Du kannst sie in meinem Garten frei herumlaufen lassen.
	kündigt an	
Eine Freundin	bittet	Ich möchte auch einmal mit deiner Ameise spazieren gehen.
	ruft	
Ein Mann	warnt	In welcher Zoohandlung hast du eine solche Ameise gekauft?
	will wissen	
Ein Fußgänger		Pass auf! Mein Hund beißt!

✏️ Schreibe Redebegleitsätze und wörtliche Reden auf.

Der Hausmeister erkundigt sich: „*Macht die Ameise viel Dreck?*"

Das seltsame „Rotkäppchen"

An einem schönen Sommertag **schleicht** der Wolf durch den Wald.

Er **ärgert** sich: Ein Mädchen mit einem roten Käppchen **läuft** durch „seinen" Wald!

Es **geht** vom Weg ab und **zertritt** die Zweige! Es **reißt** alle Blumen aus!

Mit seinem lauten Gesang **erschreckt** es alle Tiere!

Der Wolf **spricht** das Mädchen an: „Warum gehst du nicht auf dem Weg

und beeilst dich ein bisschen?"

Das Mädchen **erwidert**: „Damit ich dich besser sehen kann, du böser Wolf!"

So schnell es **kann**, **rennt** es zum Haus der Großmutter.

1. Wenn du diesen Text mit dem Märchen „Rotkäppchen" vergleichst,
   merkst du, dass hier vieles verändert ist. Überlege, woran das liegt.

2. Das Märchen „Rotkäppchen" ist in der Vergangenheit geschrieben.
   Schreibe den veränderten Text auch in dieser Zeitform auf.

Vor langer, langer Zeit schlich der Wolf an einem schönen Sommertag durch den Wald. Er ⌐￣￣￣￣￣￣￣￣￣￣￣￣￣￣￣￣￣￣￣￣￣￣￣￣￣￣¬

⌐￣￣￣￣￣￣￣￣￣￣￣￣￣￣￣￣￣￣￣￣￣￣￣￣￣￣￣￣￣￣￣￣￣￣￣¬

⌐￣￣￣￣￣￣￣￣￣￣￣￣￣￣￣￣￣￣￣￣￣￣￣￣￣￣￣￣￣￣￣￣￣￣￣¬

⌐￣￣￣￣￣￣￣￣￣￣￣￣￣￣￣￣￣￣￣￣￣￣￣￣￣￣￣￣￣￣￣￣￣￣￣¬

⌐￣￣￣￣￣￣￣￣￣￣￣￣￣￣￣￣￣￣￣￣￣￣￣￣￣￣￣￣￣￣￣￣￣￣￣¬

⌐￣￣￣￣￣￣￣￣￣￣￣￣￣￣￣￣￣￣￣￣￣￣￣￣￣￣￣￣￣￣￣￣￣￣￣¬

⌐￣￣￣￣￣￣￣￣￣￣￣￣￣￣￣￣￣￣￣￣￣￣￣￣￣￣￣￣￣￣￣￣￣￣￣¬

⌐￣￣￣￣￣￣￣￣￣￣￣￣￣￣￣￣￣￣￣￣￣￣￣￣￣￣￣￣￣￣￣￣￣￣￣¬

(riss, zertrat, ging, erschreckte, rannte, erwiderte, lief, ärgerte, konnte, sprach)

Im Museum

Anna notiert sich im Museum schnell, was sie erlebt hat.

Sie schreibt so, wie sie es erzählen würde.

Mit dem Bus sind wir zum Museum gefahren.

Im Museum sind Drachen.

Die hängen unter der Decke.

Und die hat uns ein Mann erklärt.

Und die haben Künstler entworfen.

Und die Künstler leben über die ganze Welt verteilt.

Und viele Künstler kommen aus Deutschland.

Und Drachenbauer haben die Drachen gebaut.

Und das Museum gibt es nur einmal auf der Welt.

Im Museum kann man selbst Drachen bauen.

Und dann haben wir Drachen gebaut.

Und dann haben wir sie fliegen lassen.

Und das hat Spaß gemacht.

 Sicher hast du eine Idee, wie Anna ihren Text verändern sollte.

→ Lies dir ihre Sätze laut vor.

→ Markiere alle Stellen, die du ändern würdest.

→ Finde im Text Stellen, die zu ungenau sind.

→ Überlege dir Verbesserungsvorschläge und schreibe sie darunter
   in die leere Zeile. Tipp: Achte auf die Satzanfänge.

→ Schreibe deinen Text auf.

© 2005 Oldenbourg Schulbuchverlag, Leseschule 3 – Arbeitsheft

Treppengeschichten

Dieser
Dieser Satz
Dieser Satz ist
Dieser Satz ist immer
Dieser Satz ist immer anders
Dieser Satz ist immer anders gestaltet.

Dieser
Dieser Satz
Dieser Satz ist
Dieser Satz ist immer
Dieser Satz ist immer anders
Dieser Satz ist immer anders gestaltet.

Dieser
Dieser Satz
Dieser Satz ist
Dieser Satz ist immer
Dieser Satz ist immer anders
Dieser Satz ist immer anders gestaltet.

1. Diese Treppengeschichten sind unterschiedlich angeordnet. Sprecht über den Aufbau.

2. Gestalte diesen Satz als Treppengeschichte: *Diese Treppe hat immer sechs Stufen.*

3. Du kannst deine Treppengeschichte auch am Computer schreiben. Durch welche Schaltflächen kannst du sie umgestalten?

4. Gestalte auch eigene Sätze als Treppengeschichten.

© 2005 Oldenbourg Schulbuchverlag, Leseschule 3 – Arbeitsheft

Zack, zack!

1. Finde Lösungswörter mit ck.
   Die markierten Felder ergeben ein neues Wort.

Zu jedem Topf ein passender:

Die Spitzen der Krone:

Er klingelt jeden Morgen:

Den mögen Zähne nicht:

Diesem Stuhl fehlt die Lehne:

Er ist ein Hahn und kräht:

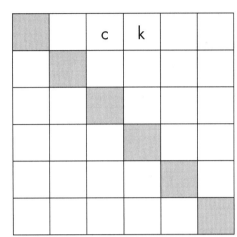

Lösungswort: __ __ __ __ __

Sie schlägt und tut nicht weh:

Sie wärmen die Füße:

Sie sind im Haar ganz wunderbar:

Kleiner Hund mit krummen Beinen:

Hamster füllen sie mit Körnern:

Ein krummer Rücken:

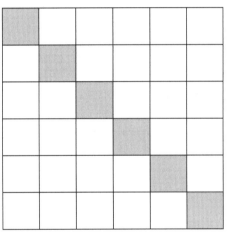

Lösungswort: __ __ __ __ __ __

Verwandte Wörter mit ck

Rücken   eckig   schmücken   Rückseite   Ecke   Schreck
rückwärts   Dreieck   Schmuck   schrecklich   Trick
erschrecken   austricksen   anecken   trickreich   schmucklos

2. Markiere die verwandten Wörter farbig. Schreibe sie ins Heft.
   Suche weitere verwandte Wörter.

Wörter mit

Papier	siegen	Brief	Tier	hier	Stier
	schief	Neugier	musizieren	vier	verlieren
tief	notieren	zielen	Klavier	die	
	diese	Wiese	rief	Tiefe	schlief	biegen
kriegen	gratulieren	wiegen	fotografieren	Biene	

1. Hier sind viele Wörter mit ie .

   Ordne die Wörter nach Wortarten und kennzeichne das ie .

   Welche Wörter bleiben übrig? Kreise sie im Kasten ein.

   Nomen (Namenwörter):

   Verben (Tunwörter):

   Adjektive (Wiewörter):

2. Bilde möglichst lange Sätze mit vielen ie -Wörtern.

3. Lest eure „Riesensätze" vor und vergleicht.

© 2005 Oldenbourg Schulbuchverlag, Leseschule 3 – Arbeitsheft

Mit Mikrofon und Mausklick

4. Suche aus der Wortsammlung die Wörter mit und am Wortende heraus.

-ieren: [   ]

[   ]

[   ]

-iegen: [   ]

[   ]

5. Ergänze dazu weitere Wörter. Kontrolliere mit dem Wörterbuch.

6. Verbinde die Grundform mit der passenden Vergangenheitsform.

7. Schreibe die Wörter auf Wortkarten. Du kannst verschiedene Spiele herstellen.

Memory   Domino   Quizspiel

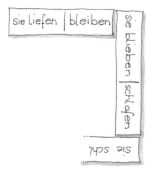

Das Fußballturnier

Über das große Fußballturnier in der Schule wird viel erzählt.

 Ändere den mündlichen in einen schriftlichen Bericht um.
Markiere die Vergangenheitsformen in der Sprechblase
und schreibe den Text mit den richtigen Formen auf.

> *In unserer Mannschaft* haben *auch Mädchen* mitgespielt .
> *Vor Aufregung habe ich sogar meine Fußballschuhe vergessen.*
> *Zum Glück hat mir Sandra ihre Schuhe geliehen.*
> *Damit habe ich unser erstes Tor geschossen.*
> *Da sind mir die Mädchen um den Hals gefallen.*
> *Alle haben es gesehen.*
> *Das ist mir ganz schön peinlich gewesen und ich habe mich*
> *geärgert, dass bei uns Mädchen mitgespielt haben.*
> *Nach der Pause sind wir in Rückstand geraten.*
> *Unsere Fans haben sich heiser geschrien.*
> *Doch Sandra und Ines haben noch zwei Tore geschossen.*
> *Zum Schluss hat es unentschieden gestanden.*
> *Da habe ich mich über unsere Mädchen im Team gefreut!*

In unserer Mannschaft spielten auch Mädchen mit.

© 2005 Oldenbourg Schulbuchverlag, Leseschule 3 – Arbeitsheft

Einen Text gut vorlesen

Wenn du einen Text gut vorlesen willst, musst du dich vorbereiten.
Achte besonders darauf,

☆ welche Wörter du betonen musst und

☆ wo du eine Pause machen musst.

Du kannst dir diese Stellen im Text kennzeichnen.

Markiere betonte Wörter farbig und füge Pausenstriche (/) ein.

Maria Anna Mozart
Ich wurde 1751 in Salzburg ...

Maria Anna Mozart

Ich wurde 1751 in Salzburg geboren. Fünf Jahre später kam
mein Bruder Wolfgang Amadeus zur Welt. Unser Vater war Musiker.
Schon früh erkannte er, dass wir sehr musikalisch waren.
Damit er uns in Musik unterrichten konnte, hörte er auf zu
arbeiten. Ich lernte Klavier spielen. Während meiner Kindheit
reiste mein Vater mit mir und meinem Bruder in andere Städte und
Länder. Wir gaben dort Konzerte. Mit zwölf Jahren war ich eine
der besten Klavierspielerinnen Europas. Mein Bruder und ich waren
sehr berühmt. Wir galten als Wunderkinder.

Aber damals glaubten die Leute, dass Frauen nicht zu viel lernen
sollten. Eine Frau hatte die Aufgabe, für die Familie und das Haus
zu sorgen. Deshalb unterrichtete mich mein Vater nicht mehr weiter,
als ich älter wurde. Mit 16 Jahren durfte ich auch nicht mehr auf
die Konzert-Tourneen mitkommen. Darüber war ich sehr traurig.
Ich vermisste die Reisen und meine Erfolge. Mein Vater tat jetzt
alles dafür, dass nur noch mein Bruder ein berühmter Musiker wurde.
Er durfte komponieren. Für mich war das verboten: Eine Frau
machte das nicht. Deshalb habe ich es einfach heimlich ausprobiert.

Als meine Mutter starb, führte ich den Haushalt für meinen Vater.
Nur Klavierunterricht durfte ich noch geben. Später heiratete ich
und bekam ein Kind. Als Hausfrau und Mutter hatte ich viel zu tun.
Ich habe das getan, was von Frauen damals verlangt wurde.

1. Lest euch einzelne Sätze vor.
   Achtet auf die Betonung und die Pausen. Vergleicht.

2. Übt den gesamten Text. Lest und vergleicht.

Aus Büchern über Eskimos

Ilka und Roberto lesen sich aus einem Sachbuch
und aus einem Abenteuerbuch über Eskimos vor.

1. Finde heraus, welche Teile
   zum Sachbuch und welche zum Abenteuerbuch gehören.
   Kennzeichne die Textteile mit zwei Farben.

Erst seit ungefähr 4000 Jahren ist die Arktis von den Eskimos
besiedelt. Sie selbst nennen sich Inuit – das heißt Menschen.
Ihr Leben ist ganz der kalten Umgebung angepasst. Nur wenige Inuit
leben heute noch vom Fischfang und der Jagd.
Kayaks Großvater erzählt vom großen Tag der Eisbärenjagd.
Auf diesen Tag hatte er lange gewartet. Nun ist er stolz und
zugleich ängstlich, weil er mit den Männern jagen darf.
Mit Hundeschlitten und Vorräten ziehen sie los. Tagelang verfolgen
sie die Spuren des Bären.
Früher dienten ihnen die Felle der erbeuteten Tiere als Kleidung
und zum Zeltbau. Wie ihre Vorfahren schnitzen sie auch heute noch
kleine Figuren aus Knochen, Speckstein und den Zähnen der
Walrösser.
Plötzlich zieht ein Schneesturm herauf, sodass die Jäger einen Iglu
zu ihrem Schutz errichten. Nach zwei Tagen lässt der Sturm nach.
Als sie aus dem Iglu kriechen, entdecken sie, dass zwei Schlittenhunde
fehlen. Sie sehen frische Eisbärspuren.
Die meisten Inuit leben in festen Holzhäusern und üben ganz
unterschiedliche Berufe aus. Trotzdem versuchen sie häufig,
alte Lebensweisen zu bewahren, und gehen auch heute noch zur Jagd.
Sie erlegen nur so viele Tiere, dass die Art nicht gefährdet wird.
Jetzt beginnt die Jagd. Eilig brechen sie auf und verfolgen die Spuren.

2. Schreibe die Jagdgeschichte aus dem Abenteuerbuch zu Ende.

© 2005 Oldenbourg Schulbuchverlag, Leseschule 3 – Arbeitsheft

Der Eisbär im Lexikon

 1. Im Lexikon findest du in kurzen Texten alle
wichtigen Informationen über ein Thema.
Kürze diesen Text so, dass er möglichst
kurz und für ein Lexikon geeignet ist.
Streiche Wörter, die du weglassen kannst,
mit Bleistift durch.

Der Eisbär

Der sehr gefährliche Eisbär mit seinem wunderbar

weichen Fell wird von allen Bärenarten der Erde am größten.

Er kann erstaunliche 2,80 m lang und bis zu 780 kg schwer werden.

Er lebt in der Kälte und Einsamkeit der Arktis.

Die gefährlichen Eisbären sind Einzelgänger.

Sie verbringen die meiste Zeit auf der Jagd nach Nahrung und laufen dabei

bis zu 100 km weit über die unendlichen Eisfelder.

Sie ernähren sich hauptsächlich von Robben.

Sie lauern manchmal mit großer Geduld und noch mehr Hunger

vor einem Wasserloch und warten, dass die armen Robben zum Luftholen

aus dem Wasser auftauchen.

Dann packen sie mit ihren riesigen Tatzen schnell zu.

Ein einziger Tatzenhieb kann einen unvorsichtigen Menschen töten.

Eisbären sind nicht wasserscheu und sind gute Schwimmer.

Die Bärenjungen kommen im fürchterlich kalten Winter in einer

gemütlichen Schneehöhle zur Welt.

Die Inuit nennen den Eisbären in ihrer Sprache Nanuk – Wächter des Pols.

 2. Wie bist du vorgegangen? Schreibe auf.

3. Vergleicht.

 4. Schreibe deinen Text ab und gestalte eine Lexikonseite.

 160   **51**

Wörter mit äu

Prüfe Wörter, bei denen du **eu** hörst.
Wenn du ein verwandtes Wort mit au findest,
wird äu geschrieben.

1. Achtung, hier versteckt sich ein Wort mit eu! Prüfe.

	Verwandtes Wort mit au?	Also heißt es:
aufr___men	*der Raum*	*aufräumen*
das S___getier		
das Ger___sch		
br___nlich		
das F___er		
r___chern		
h___slich		
der Br___tigam		

äu oder eu?

2. Sortiere die Wörter. Nutze die Prüfkarte.

Z___gnis	L___fer	äu	verwandtes Wort mit au
Z___ne	Kr___ter		
B___te	L___te		
h___te	s___bern		
Tr___me	Geb___de		
Fr___nde	Str___ße		
S___gling	n___n		

eu:

© 2005 Oldenbourg Schulbuchverlag, Leseschule 3 – Arbeitsheft

Eine Wortfamilie – verschiedene Wortarten

RETTER

ABEND

ABSCHNITT

BAUM

KÜNSTLER LAUF

WERT

WICHTIG

GEISTER

MITTEL

MÜDE ZEICHEN NOTWENDIG

GEFÄHRLICH

LÄNGLICH ALTER LANG

WIEDER

BE

ER

AUS

LEBEN

S

1. Bilde Wörter und ordne sie in die Zeilen ein.

Prüfe, ob du die Nomen (Namenwörter) großgeschrieben hast.

Nomen (Namenwörter):

Verben (Tunwörter):

Adjektive (Wiewörter):

2. Sprecht über die Wörter, die ihr nicht kennt.

Das Gespenst im Gurkenglas

Den Anfang der Geschichte vom „Gespenst im Gurkenglas" kannst du im Buch auf Seite 185–187 lesen.
Nach einigen Erlebnissen mit dem Gurkerich geht es Willi so:

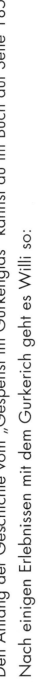

Und Willi weiß auch schon wie.

Jetzt reicht's!

Endgültig!

Ich muss ihn wieder loswerden.

Betrachte die Bilder und fülle die Sprechblasen aus.

Mein Hobby

Mein Hobby ist Rennradfahren. Ich habe ein superleichtes Rennrad.
Das war sehr teuer. Zu meiner Ausrüstung gehören außerdem
eine Radfahrhose, ein Trikot und Radschuhe.
Ein Helm ist für meine Sicherheit ganz wichtig.
Zweimal in der Woche fahre ich in meinem Verein
eine Runde von 50 km. Wenn ich bei großen Rennen
gewinnen will, muss ich noch viel trainieren.
Es macht mir Spaß, schnell vorwärts zu kommen.

Die Kinder erzählen im Sitzkreis von ihren Hobbys.
Sie stellen sich immer wieder die gleichen Fragen.

Wie heißt dein Hobby?

Wie bist du dazu gekommen?

Was brauchst du dazu?

Wie hast du es erlernt und was willst du noch dazulernen?

Warum macht dir dein Hobby Spaß?

1. Schreibe dir bei jeder Frage Stichpunkte zu deinem Hobby auf.

2. Überlege dir weitere Fragen.

3. Entscheide, in welcher Reihenfolge du deine Stichpunkte
   in einem Text verwenden möchtest.

4. Schreibe deinen Text auf.

5. Gestaltet mit euren Texten eine „Hobbywand".

Nicke und der Kor◯

Nicke geht im Wal◯ spazieren.

Da findet er ein Din◯,

das ist run◯ und farbi◯.

Vorsichti◯ untersucht er es.

Da kommt sein Freun◯ Spinki auf dem Rennra◯ angerast.

Nicke fragt: „Weißt du, was ich hier in der Han◯ ha◯?"

„Na, du bist lusti◯! Das ist ein Kor◯◯", sagt Spinki.

Nicke antwortet: „Das ist ja spannen◯!" Er setzt sich in den Kor◯

und spielt Zu◯. Spinki lacht: „Der Kor◯ ist doch zum Tragen!

Glau◯ mir, ich bin klu◯!" Nicke bleibt im Kor◯ sitzen und ruft:

„Dann tra◯ mich doch!"

der Kor◯   *die Kör◯e*

der Wal◯

das Din◯

run◯   *das run◯e Ding*

farbi◯

vorsichti◯

der Freun◯

das Rennra◯

die Han◯   *ha◯en*

ha◯

lusti◯

spannen◯

der Zu◯

glau◯

klu◯

tra◯

Prüfe Wörter, bei denen du ein **p**, **t** oder **k** am Wortende hörst, durch Verlängern.

Lies den Text und ergänze die fehlenden Buchstaben.

Schreibe vorher zu jedem Wort eine verlängerte Form auf.

Der Siebenschläfer

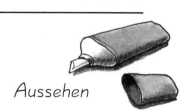

Aussehen

Der Siebenschläfer ähnelt einer Maus, ist aber größer und
hat einen buschigen Schwanz. Sein Körper wird bis zu 20 cm,
der Schwanz bis zu 15 cm lang. Ein Siebenschläfer wiegt etwa
120 Gramm. Am Rücken hat er graue Haare, am Bauch ist
das Fell heller. An der Schnauze hat er lange Tasthaare.
Um seine Augen läuft ein dunkler Ring. Er kann fünf bis neun
Jahre alt werden. Kälte kann der Siebenschläfer nicht leiden.
Deshalb kommt er nur in den Wäldern Mittel- und Südeuropas
vor. Tagsüber verkriecht sich der Siebenschläfer gerne in
hohlen Bäumen und schläft. Abends geht er auf Nahrungssuche.
Nur selten entfernt er sich mehr als 100 Meter von seinem
Schlafplatz, den er von Zeit zu Zeit wechselt. Ende August
zieht er sich zum Winterschlaf zurück und wacht erst
im Mai wieder auf. Der Siebenschläfer frisst Früchte, Eicheln,
Bucheckern, Nüsse, Beeren und Samen, die Rinde von Weiden
und Lärchen sowie die Knospen und Blätter von Buchen.
Aber auch Maikäfer, andere Insekten, junge Vögel und
Vogeleier stehen auf dem Speiseplan. Er frisst sich eine
Fettschicht an und sorgt so für den Winter vor.
Während des Winterschlafs verliert der Siebenschläfer
zwischen einem Viertel und der Hälfte seines Gewichts.
Der Siebenschläfer ist ein Nagetier. Zu seiner Familie gehören
auch die Haselmaus, der Garten- und der Baumschläfer.

 Schreibe einen eigenen Text für einen kleinen Vortrag.
Dafür musst du dich genau über alles Wissenswerte informieren.

☆ Markiere dir wichtige Stellen im Text.
☆ Mache dir Stichpunkte am Textrand, die du für
Stichwortkarten nutzen kannst.
☆ Ordne die Informationen folgenden Punkten zu:
   o Aussehen
   o Lebenserwartung
   o Verhalten
   o Lebensraum und Heimat
   o Ernährung

Und du denkst, das war der Osterhase

Metta ist Renners kleine Schwester.

Metta nervt Renner mit ihrer Neugier.

Renner hält sich sogar die Ohren zu,

wenn Metta wieder Fragen stellt.

Metta will von Renner alles über den

Osterhasen wissen. Dabei hat Renner

Metta doch schon so oft gesagt,

dass es keinen Osterhasen gibt.

Aber Metta glaubt Renner nicht.

Erst als die alte Frau Karbunke Metta erklärt,

warum sich die Menschen schon seit langer Zeit

zu Ostern Eier schenken, ist Metta zufrieden.

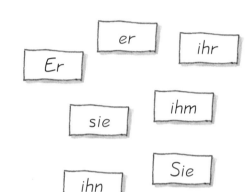

Lisa hat ihre Geschichte in der Schreibkonferenz vorgestellt.
Die Kinder haben ihr einen Tipp für die Überarbeitung gegeben.

1. Mit dem Tipp kannst du Lisas Geschichte verändern.
2. Schreibe den überarbeiteten Text auf.

Don't do that, Kitty Kilroy! – Lass das, Kitty Kilroy!

(Eine Geschichte zum Übersetzen)

All day long Kitty's mum says:
(Den ganzen Tag)   *(sagt)*

_____

When Kitty puts her feet up
(Wenn)   *(legt)*   *(Füße)*
on the sofa:

_____

When Kitty eats food that is
         (etwas isst)
bad for her teeth:
(schlecht)   *(Zähne)*

_____

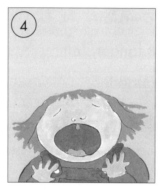

One day Kitty had enough.
(Eines Tages) *(hatte genug)*

_____

So Kitty's mum went away ...
         (ging weg)

_____

... and Kitty got to do
       (konnte tun)
what she wanted.
         (wollte)

_____

_____

She ate nothing but
    (aß) *(nichts außer)*
ice cream.

_____

She watched television
       (sah fern)
for hours and hours
       (Stunden)

_____

She rang up all her friends
(rief an)   *(Freunde)*

_____

_____

... and invited them round.
(lud ein)

_____

_____

After a while it was
(Nach einer Weile)
no fun anymore.
(kein Spaß)

_____

_____

Suddenly there was a sound at
(Plötzlich)   *(Geräusch)*
the door and it was Kitty's mother.
   (Tür)

_____

_____

_____

Kitty's mother sent
     (schickte)
Kitty's friends home.
         (heim)

_____

_____

Kitty's mum washed
       (wusch)
Kitty's face.
   (Gesicht)

_____

_____

She put Kitty to bed, which was just what Kitty wanted.
    (brachte)   *(Bett)*   *(was genau das war, was)*   *(wollte)*

_____

_____

Until tomorrow of course ...
(Bis) *(morgen)* *(natürlich)*

_____

_____

Sonnenaufgang am Meer

die Sonne
am Horizont
früh am Morgen
steigt
wie ein glutroter Ball
vor unseren Augen
aus dem Meer

schon bald
die ersten Strahlen
die Kinder
wärmen
am Strand

auf dem Rückweg
die Abendsonne
auf die müden Kinder
scheint

1. Spiele mit den Satzgliedern und stelle sie mehrmals um.

2. Schreibe einige Sätze auf.

Unterstreiche das Subjekt (den Satzgegenstand) blau
und das Prädikat (den Satzkern) rot.

© 2005 Oldenbourg Schulbuchverlag, Leseschule 3 – Arbeitsheft

(tz) -Rätsel

Hier sind Wörter mit (tz) versteckt.

A	H	V	U	K	O	E	L	O	N	D	P	F
I	E	M	N	Ü	T	Z	L	I	C	H	O	L
S	T	U	R	B	A	P	N	A	M	N	B	I
P	Z	X	M	I	S	L	V	H	I	L	V	T
O	E	G	Ü	G	E	P	F	C	N	R	G	Z
N	N	I	T	H	S	B	I	H	F	I	G	E
U	M	M	Z	O	E	I	W	T	Q	P	U	N
B	O	L	E	W	T	N	E	U	Z	I	B	P
E	W	P	S	I	Z	O	V	V	O	L	L	D
K	R	L	C	H	E	M	T	A	T	Z	E	M
W	A	N	H	A	N	A	N	I	X	S	L	M
R	S	T	H	O	X	Y	Z	B	C	H	I	B
N	S	O	Z	P	K	R	A	T	Z	I	G	W
U	L	V	B	E	Q	A	N	P	R	Y	S	O

1. Kennzeichne die Wörter mit (tz).

   Sie sind senkrecht (↓), waagerecht (→) und diagonal (↘) versteckt.

2. Trage die (tz) -Wörter ein. Zu jeder Wortart findest du drei Wörter.

Nomen (Namenwörter)	Verben (Tunwörter)	Adjektive (Wiewörter)

© 2005 Oldenbourg Schulbuchverlag, Leseschule 3 – Arbeitsheft

Rätselzeit

Er	trägt einen Reiter.
	verdirbt die Lebensmittel.

Sie	zieht einen Faden.
	wächst am Baum.

Sie	schützt Obst und Gemüse.
	steht im Geschirrschrank.

Er Sie	trägt Zähne.
	ist ein Nadelbaum.

Er	steht in der Vase.
	ist ein Vogel, der nicht fliegt.

1. Für die Nomen (Namenwörter) stehen in den Rätseln er und sie .
   Löse die Rätsel und ersetze die Pronomen (Fürwörter) er und sie
   durch passende Nomen (Namenwörter).

 2. Die Rätsel lassen sich leichter lösen, wenn du mit **Wer oder was?**
   nach dem Subjekt (Satzgegenstand) fragst. Schreibe so:

Wer oder was trägt einen Reiter und verdirbt die Lebensmittel?

3. Schreibe Rätsel.